RAPSODIAS LÚGUBRES

Andreas Polycarpu

# RAPSODIAS LÚGUBRES

*Traducción*
José Antonio Moreno Jurado

Padilla Libros Editorial y Librería
Sevilla 2024

COLECCIÓN
POÉTICA
DE AUTORES GRIEGOS
CONTEMPORÁNEOS
EL ÁRBOL DE LA LUZ
TO ΦΩΤΟΔΕΝΤΡΟ
N.º 63

Título original: *Πένθιμες ραψωδίες*

© de los poemas: ANDREAS POLYCARPU

© de la traducción: JOSÉ ANTONIO MORENO JURADO

© de la presente edición: PADILLA LIBROS

ISBN: 978-84-8434-842-9

D. Legal: SE 2282-2024

*1.ª impresión, septiembre de 2024*

PADILLA LIBROS EDITORES Y LIBREROS
C/ Trajano n.º 18
41002 Sevilla (España)
editorial@padillalibros.com

# IMPERSONALES DE EL FAYUM

*(2016)*

# A ALGUNA

Vendimio tus ojos,
vino de las viñas de los sueños.
El aire trae tu aroma.
Descanso en el follaje que cubre el mar.

Las olas te traen a mi lado.
Tocas mis pies desnudos,
refrescas mi pecho
con tu respiración.

En mi boca vino
de la parra envejecida.
La que fue arrojada a tu cuerpo
para cubrir tu desnudez.

Las calles empedradas
imprimen tus pasos.
Los sigo con mis pies desnudos
enredados en las algas.

Busco tus ojos.
Tu blanquísimo cuerpo desnudo.
Con las cuerdas de mi alma
pongo música a tu voz.

## MI VIDA

Es mi pecho
un terreno de espigas
que recorren esqueletos
cada amanecer de julio.

Es mi corazón
el lecho de un río
en cuyas aguas estancadas
navegan cuerpos podridos.

Cada luna de otoño
anidan lobos en mis ojos.
Devoran el iris de otra luz
en los párpados de hoja caduca.

Los esqueletos negocian
sus mortajas amarillentas.
En el campo de espigas se irritan las
        serpientes.
Arrasan la tierra hondamente.

Presagios, aves sin carne
recogen este año la cosecha.

En mi cenotafio
ya pusieron en pie la cruz.

La llevan los recién nacidos
a la tierra estéril.
Me asfixio en la matriz
de la teta arrugada.

En las rocas florecen vides.
Un mar de vino salobre.
Los candiles de luz blanca
viajan a la última lámpara.

# EN ESTA CIUDAD

Nubes de piel
desprenden gotas de sangre
en los muros de la ciudad.
Donde germinan flores salvajes.

En los muros se levantaron cabezas.
Osificadas y secas
esperan que el cielo dador de vida
las riegue de sangre.

Se congregan en el oscuro
firmamento de las nubes.
Pero nuestra tierra se secó
de estériles almas.

La existencia en su nacimiento
vive la inexistencia.
Castañean en la sangre
los pies grasientos.

Como sombra sigue el destino al hombre.
Lo sobrepasa en su misma ciudad.

Por allí todos se desvían,
perdieron el camino a los cielos.

Algunos niños con pies
desnudos de piel
cocean los cráneos muertos
con huecos sin ojos.

Esta tierra es la patria
y la casa de la muerte.
En ella crecí
entre muros de ladrillos.

La muerte desterrada
no viene a purificarnos.
Hace años que dormimos
en tumbas abiertas.

¿Quién empujará la losa
de mármol en nuestras tumbas
ahora que la muerte
se ha trasladado a otro lugar?

# LA MALDICIÓN DE NÍOBE

En esta tierra
Níobe parió a sus hijos.
En los espasmos del parto
apareció la maldición de Leto.

En el momento en que Fálaris
metía fuego al vientre
del toro de bronce,
Apolo encendía sus flechas.

Cerción saborea la carne de Álope
antes de que se vuelva fuente.
Enjuagaron en ella
a los hijos de Níobe.

Transportaban el estigma de arrogancia
y el pecho materno
se volvió roca espinosa.
¿Quién los alimentará ahora?

Esa roca
lleva el nombre del Acrita.

Leche de la fuente
del padre Poseidón.

Fálaris sació su hambre
con los hijos de Níobe.
El sostén de Afrodita
manchado por los bárbaros.

## DEL AMOR

Por las mañanas despierto
por la luz que desprende
tu coraza abierta
madura de espigas.

Muerdo el cielo
para refrescar los labios ardientes.
Lleno de lluvia,
la boca abarrotada de tulipanes.

Las rapsodias escritas
en las nubes de mi vida
se olvidan en caminos de tierra
del arco iris del invierno.

Rocas entre flores
aletargan las conciencias.
En el canto fúnebre de los astros
descabeza al jardinero el universo.

Entre blancas margaritas
esparzo tu sonrisa.

Extiendo mis manos
al pan del placer.

Expropiadas están las almas
en la desarticulación del olvido.
Humanos corazones descascarillados
se regalan al Lucero del alba.

## EL NOMBRE DE LA MUERTE

La muerte tiene su propio nombre.
Se lo susurro cada noche
cuando placenteramente extiende
su mano sobre mi cuerpo.

Sus labios sedientos
con el veneno pegajoso
imprimen el amor
en mi cuello de cisne.

Sólo a mí la muerte
me ha dicho su nombre de pila.
«Deja que los demás me hagan sombra,
tú, ámame».

Soporta mi amor.
Es estéril pero se venga de él.
«No me dejes nunca,
tus versos son lo que tengo».

Aunque le temo
sigo cantándole.

No pude sentir amor por ella
sólo temor al mirar los cadáveres que trae.

Sé que cuando venga el momento
su brillante segur
detendrá mi respiración.
Pero es lo que me ha quedado.

Yo tengo también mi propio nombre.
Sólo la muerte lo sabe.
Me llama por él cada amanecer
en la tierra cavada que me ha preparado.

## POETA Y LUCERO DEL ALBA

Recuerdo cómo golpeaba
el domador mi rostro
con el látigo de piel
y mi sangre como un río.

Recuerdo al Arcángel,
el payaso de pies ligeros,
cuando desarraigaba mis alas
y lanceaba mis ojos.

Recuerdo el sonido de la muerte.
De lento andar, tierno, nostálgico.
Con encantamientos de alquimistas
lo exorcizaba de mis huesos.

Recuerdo cómo me hice de luz
para traer la luz.
Ofrecí, sin embargo, oscuridad
a las membranas del discurso.

Recuerdo las palabras,
los gritos de placer,

que desterraban las almas
mezcladas con ácido.

Me olvido, sin embargo, de mí.
Olvido el guion
del eterno director de la obra.
Espero a ciegas la continuidad.

# APOCALIPSIS (1)

Arrastro al mundo
mis pasos enredados.
Transporto en la calle
mis estereotipos.

Sigo mis símbolos animistas
con paso indolente.
Vulgar y sobrepasado,
me basta la voluntad de trastorno bipolar.

Busco mis palabras
en el metal del orfebre,
en la escritura de quiromante
cuando me tengo en la cama de Procusto.

Gea destruida me conduce al Cielo
antes de esparcir los demonios.
Llevo encinta en mí las Erinis
que alimentó el Dios castrado.

Con mi cuchillo
quité la fertilidad de Dios.

En la cruz quiero ver
morir a Abel.

Sentir su dolor.
Gozar de su muerte.
Cordero del evangelio
la fiera pulveriza Jerusalén.

Son jinetes sin bridas.
Caín conduce el carro
ardiente del Lucero del alba
a la pandemia de la sangre.

La tierra se abre como tumba
para que se oculte Abel hermoso como dios.
Le ponen clavos
y le tejen una corona de espinas.

En mi féretro bailan
Silenos con forma de machos cabríos.
Me bautizaron Dios,
con mi sangre se santifican.

No puedo, sin embargo, rayar
las losas con leyes.

Las urgencias me quitan
lo que quiere el Logos.

# APOCALIPSIS (2)

Buscaré eternamente lo incompleto.
El espíritu es vulnerable.
En la infinitud de la gracia divina
soy carne de un apóstol emigrante.

Cincelo las nebulosas
que cubren los instintos.
En la analogía matemática de la naturaleza
soy la palabra.

A ciegas palpo las leyes.
Esparzo sus azufres
en el rojo mar de la voluntad.
Ella espumea en mis entrañas.

Reencarnación del caos
en el cuerpo de barro de Dios.
Tengo sed de la sangre
de quien deletreó el Logos.

Las teselas de la Ley
de las órdenes de fuego de la materia

riego con sangre
de mi cordón umbilical.

Sonó la trompeta de la llegada.
Castro al último ángel
antes de que aclare los oráculos
levantando la ciudad del Logos.

# DONUSA

Recuerdo los veranos
con la arena sedienta
y el Sol que desvanecía su frescura
en el salitre azul.

Juntos subíamos la callecita,
hundida en las cañas
y en los olivos
que cubrían tus ojos.

A conchas fragmentadas del fondo
pasé cuerdas peludas.
En la ermita cicládica
encantaba al tiempo con salmos.

Te ocultaste hondamente en la arena.
Esperabas las primeras lluvias.
Te decía que nos dividirían.
No creíste en mis palabras.

En el Altar
un cura repartía los papeles.

Frente a él, el Crucificado
bañado en luz veraniega.

Pero al hacerse invierno
buscabas mis manos.
Cortadas ellas también,
dejadas en los olivos.

Desde un saliente de las rocas
se deslizaba el agua bendita.
Con ella te lavé los ojos
antes de que se restregase su color.

La época es tristísima.
No te abandones a las palabras de los
    extranjeros.
Mantén los veranos,
las imágenes, el Sol, el mar.

# CONTANDO HISTORIAS
*(2019)*

# LOS ORÁCULOS DE TIRESIAS

Las rapsodias del poeta
me llevan a la Bajada a los Infiernos.
Esparzo las kólivas precristianas
y embriago con vino a Tiresias.

Algunos me avisaron de la profecía mortal.
Antes de que se esparciera con frutos
una sombra absorbía a las aves.
Esa es la maldición eterna.

Quizás en las inexploradas
cuevas de Plutón
se desahogue mi alma
y encuentre el camino de Ítaca.

Sediento por la sal gorda
de tus huesos deshechos
sacié mi furor
con el agua de la Estigia.

Ocultos en vuestras grutas
al oráculo apócrifo

esperáis los exvotos
pero Tiresias guarda silencio.

Vio la luz de fuego
de la existencia hermafrodita.
Para él no existieron argonautas.
Esos ahora se acuestan con las Arpías.

Los ojos ciegos
miran al sol del revés.
Al disco sin luz propia
escalaron los dardos de la Diosa podrida.

No cantasteis correctamente lo útil.
Y he aquí que ahora el rey
lanza su luz sobre vosotros.
¿Qué noche os salvará?

Las manos de Agripa
leñador de los mitos
hacen de vuestros presagios cortezas.
Eso os tocó.

# FORTUNATAE INSULAE

*A Endimión.*

En la tierra de los Bienaventurados te esperan
    las almas de los buenos.
Haz súplica y libaciones a Radamantis
para que no te preocupen tus crímenes.
Quizás él te recoja en la teogonía de Hesíodo
y una diosa emergida de tu cuerpo
camine por el mar.

En las sequedades de enfrente de las islas de
los Bienaventurados
se apiñan las almas leprosas y malditas.
Las que no creyeron en los oráculos
    evangélicos.
Nadie llorará por ellas sino cierto poeta loco.

La cartografía de Hecateo olvidó señalar la
    tierra bienaventurada.
Para los mortales no hay destino a las islas de
los Bienaventurados.
Junto a los gloriosos aqueos se pudrirán
    nuestros cuerpos.

Asfixiantemente en las emanaciones de Plutón
se estrujarán en las oscuridades.

Esas almas lúgubres siguieron a Prometeo
al tripartito luminoso del pecado.
Donde ningún Homero quiso volver la mirada
y trenzar almas entristecidas en sus versos.

Hábilmente talladas en el mármol, las almas de
     los muertos bienaventurados
transportan la luz ática a nuestros ojos.
En las sequías de los mortales no existen
     poetas trágicos
y las Musas se prostituyen
al precio de una moneda de diez céntimos
     oxidada.

Madeiras, Promontorio verde, Azores, Islas
     Canarias.
Ninguna prueba para los mortales, sino que los
     Palacios del Bienaventurado
conducen a las almas errantes a Lesbos.
Para encontrar descanso bajo los versos de
     Safo.

Los cadáveres podridos amontonados en las
     flores doradas de las costas de los
     Bienaventurados
turban con las exhalaciones carnales de su
     sepsis
la eterna fertilidad del suelo.
Tierra fértil de frutos de las espumas
     cristalinas de las olas.

En la tierra de los mortales de la muerte hay
     rocas y espinas.
La tierra seca de aceite y vino
basta a la misericordia del cielo
Las algas petrificadas ahogan las raíces de la
     luz
que llega a las orillas de la oscuridad
y cubren los rosados ojos salobres
de los que no se tranquilizan nunca.

# LA CAÍDA DE LA DEMOCRACIA

Quedaron perplejos los griegos
cuando los capadocios
buscaron un rey no demócrata,
incapaces de encontrar a alguien de su linaje.

Durante tantos años reyes
de la gloriosa historia
representaron la democracia de Clístenes
antes de la expedición a Sicilia.

Ahora los que volvían de Occidente abrazan
a caudillos idiotas, vestidos de raso.
La alianza naval quedó arruinada.
Quedaron los restos de Delos.

En la iglesia del pueblo
se entronizó Alcibíades.
Los discursos melodiosos de Demóstenes
hablaron de él.

Hermes, chamuscado, desmembrado,
mira sus estatuas sin cabeza.

Esa hambruna que apareció
mató a Solón.

Las adivinaciones callaron por ley.
Los oráculos de la Pitia quedaron en silencio.
Los dioses se exiliaron
al ver nuestras leyes.

Ariobarzanes, último rey del linaje,
entregó sus cetros.
En una noche la que parió a la democracia
se transformó en tiranía.

# EL LUTO DE LOS ATENIENSES

Todos los oradores visten de negro hoy en la
    Pnyx.
Demóstenes mudo y pálido
mira a Eurípides que lleva luto.
Le es imposible escribir sobre esta pérdida.
¿Qué compañía de teatro celebrará
la diversión de los ciudadanos con semejante
    drama?
¿Qué máscara ocultará el rostro de piedra?
¿Quién vestirá sus manos ensangrentadas e
    impías
como guantes en sus dedos?
Pericles avergonzado se sienta mudo
en la roca de la democracia.
El estigma sangriento tiñó los sitios sagrados
    de Atenas.
Ciertas manos de la raza sagrada se tiñeron de
sangre inmadura.
Todo lo testimonió el ciego rapsoda
sin poder transportar más ese crimen.

¿Qué clase de griego es
quien evidencia los hechos sangrientos de
 nuestra conciencia?
Nosotros somos el linaje que se mantiene de
 los dioses.
Calla la voz tiránica que oculto en mí.
Calla para siempre y escucha el sollozo de
 Andrómaca.
Tú, lengua mía, dura como el mármol,
respeta el dolor del muerto inmaduro.
Calla, tú, bestia impía de nuestra santa raza,
tú, que estás sediento de sangre sin mancha e
 historia pura.
Ahora bebe para siempre tu veneno y muere.
La cicuta de Sócrates mezclada
con la sangre de Astianacte.
—No era cicuta. Sólo agua marina.
Densa sal para embalsamar tu cuerpo
en nuestras conciencias.
Mi lengua se adormeció por el agua marina
que te lavaba la vida.

No quiero llorar.
Temo que mis lágrimas te ahoguen.

—Sobre las murallas de Troya vi la maquinaria.
No me hables de eso.
No quiero saber nada.
Lo vi sosteniendo a Astianacte por el pie.
Calla. Mi raza es sagrada. Calla...
Lo movía en el aire como estandarte de
      muerte.
Calla. Nosotros no hicimos eso. Calla...
Mira su cuerpo muerto. Lo depositaron en la
      iglesia del pueblo.
No veo nada. No creo nada.
Míralo, aqueo. Míralo te digo.
Consecución de tu raza.
¿Qué escribir sobre ti, niño mío?
Escribiré una nana.
Que te la murmuren las Nereidas
sobre las olas en las que duermes.
Y que las miles formas de Proteo
te hagan compañía.


Rallaré tu cuerpo en las rocas
salitres y blanquecinas.
Que quede para siempre tu imagen
en el mar que hace viajar a tu dolor.
¿Qué escribiré, niño mío?

Hoy escribiré con agua marina sobre las algas.
Sin embargo ¿qué escribir?
Tu cuerpo sin vida es toda la poesía de la
    humanidad.

Y si mi linaje es santo y mi raza sagrada,
hoy todo el Partenón se ha hecho añicos.

VERANOS LÚGUBRES
*(2021)*

## UN DÍA LOS MARES

Un día los mares
esperarán y serán de nuevo nuestras patrias.
Olivares emigrados vuelven la tristeza de sus
    marchas
a cuanto soñaron los amantes desnudos,
a cuantas cosas humanas no resistieron al
    primer paseo otoñal de la Muerte y se
    esparcieron como sal seca
de una salina que nunca lavó su salitre
con agua santificada por tus caderas.
Sólo el sudor de los amantes que se abrazan
    desnudos
en ventanas abiertas las noches de agosto
se apila en las arrugas de la tierra.
Al mediodía, incluso iluminando el Sol,
quemando lo que sembraron los inviernos
y se hundieron hondamente en nuestros ojos.
Nuestras manos trepan por las piedras
que dejaron los segadores.
Allí, en el campo en que bailaban un vals dos
    cuerpos desnudos.

La voz adormecida del arrendajo
viaja por las olas que ahogaron este año
    también
a los que se calmaban bajo las espigas,
los cuerpos acurrucados como lentas
    serpientes
bajo raíces secas y sin agua.
Cada final de agosto
la Muerte esparcirá cruces en el campo de
    espigas.
Cada último atardecer de agosto
esperará que nuestros cuerpos se tiendan.
En los amaneceres, con la luz temblorosa de
    las linternas de los barcos,
encontraremos el camino a nuestras tumbas
    abiertas.

Un día, sin embargo, los mares esperarán otra
    vez ser nuestras patrias.
Cada verano los mares desnudarán nuestras
    tumbas de la tierra que las cubre.
Y nuestros cuerpos con las carnes comidas
se abandonarán a los picos hambrientos de las
    gaviotas.

Esqueletos anfibios que sienten a su patria
allí donde los cubre el agua salada.
Un día un mar lavará el infierno que nos
        definieron como tierra
y ahogará la vana vida que nos fue dada.
Sólo, cada agosto, por la ventana abierta
dos esqueletos esperarán que el agua salobre
        los cubra
y en la barca anclada en sus ojos
colgarán como velas piel
lejos del equinoccio otoñal que los lleva.

# EL DÍA DE LAS ALMAS

Hoy es el día de las almas.
Recojo espigas de tus párpados.
No los cierres aún.
Te apresuras a morir, a perderte en la tierra.
Tu alma no será un ave migratoria.
Nadie te levantará del suelo, te tendré la mano.
Te apresuras a morir.
Cierras tus párpados.
No veas las últimas imágenes.
El Sol, el mar, las máscaras de la compañía de
       teatro.
De la misma que bailó arrebatadoramente
en la arena ardiente de agosto
cuando cubría cangrejos y conchas ardientes.
Cabezas de peces en los hombros
y las manos vestidas de escamas
acariciando los placenteros
pechos de las mujeres que no dieron vida.
Y yo que creí un día
que absorbería una teta llena de leche

me encontré en un isla de Cipris
con un hueso vacío de médula
colgando de mis labios.
Hiervo la kóliva en la hiel.
Por la ventana abierta
escucho que los dientes de los muertos muelen
los sueños que les quedaban.
Saliva reunida en los extremos de las bocas
que nunca volverán a besar.
Saliva de ácido, de menta, de agua de rosas
que disuelve los sueños
antes de que los devore la muerte.
Bocas hambrientas.
Lenguas que quieren ser un ovillo orgásmico.

Al amanecer recogí las espigas
del parterre del cementerio.
Me preguntaron en qué almas esparciré las
        kólivas.
Conté las almas. Todas cinceladas a mano.
Cada vez que la mano escala a los cabellos
germinan en el cráneo.

Todas están enterradas en mis ojos.
Cada vez que cierro los párpados

las entierro en las tardes de verano de las que
  se sació mi iris.
Junto al cuerpo saciado de Cipris
—esqueleto de doce años como era—
doblaba mis rodillas hechas añicos
y apoyaba pinzas de cangrejos muertos.
En sus conchas planté jazmín
y esparcí heliotropos despedazados
en la sal de rocas reverdecidas
de una costa que llega a las orillas del
  Aqueronte.

El aceite etéreo del candil
riega como miel las almas hervidas.
Y tú quieres saber de mi isla.
No escales a las raíces de mi vida.
Me encontrarás enterrado cada invierno bajo lo
  salobre.
Pero cada tarde de agosto
me verás en la cola de Poseidón
bailando entre felinos tranquilos
y serpientes que acuestan sus lenguas en las
  algas extendidas.

—Tú, ¿qué almas recuerdas?
—No recuerdo ningún alma.
—Tú ¿por qué almas llorarás?
—No me entristece el recuerdo de ninguna.
—Tú ¿para qué almas cueces kóliva?
—Para ningún alma recogí espigas.
Sólo para ti, alma mía
que aún no te saciaste del luto de agosto.
Sólo para ti.

# MI FÉRETRO

Quiero que mi féretro sea de ébano
y que encierren en él el mar de agosto
con el atardecer y el polvo veraniego.
Que las espigas amarillentas sobre la costa
cuelguen en la tierra petrificada de mi tumba.
Que la sal cubra mi tumba.
Blanca de sal mi mortaja
mezclada con huesos molidos de niños
    ahogados
llenando las heridas en mi cuerpo encorvado.

Cubierto de camaleones y agujas de pino
dejar correr de mis ojos
los recuerdos de agosto.
Húmeda resina sobre los panales
que maduraron y se pudrieron
en mis párpados abiertos.
Gotas de miel
de una dulce humedad de veranos pasados,
hundidos en arenales y rocas sorprendidas en
    el vacío.

Y por debajo de un mar de ámbar de agosto
que no se prometa nada, que no se murmure
    nada
sino sólo el agua que me ahogará
al llegar a mis oídos como una nana.

Quiero que mi féretro sea de piedra.
Liso y helado,
que lo trasladen los meses de otoño.
Y que cubran entre las olas
los últimos corales que me quedaban.
Los que recogió el embrión de doce años
con sus manos huesudas.
En los rizos de mis cabellos
húmedas algas y sedosas de los pliegues de su
    iris
en cuyo interior anidan aves migratorias
cada vez que abandonan las rocas marinas
que enraizaron en la frente rallada.
En los hondos surcos de la piel infantil
que las olas de sudor lleven en su ombligo
peces y desmembrados tentáculos de pinzas.

Para mi féretro quiero el tronco
de un olivo deshecho.

Ni tendido ni descansado.
Que tenga por raíces mis propios pies
que se remojarán en las espumas del mar de
    agosto.
De mis venas raídas
—planta trepadora en el cuerpo muerto—
que riegue el agua salobre el follaje de plata.
Y uno con las uñas del cuervo
que arañe el tronco hasta agujerearlo
y el mar penetre
en mis ojos abiertos.

.

# UN MAR DE AGOSTO

Me falta el mar.
Me falta un mar de agosto.
Ahora ya lo siento.
Ahora que me plantaron en una matriz de
    otoño
busco el sol en heliotropos ajados
que no tienen a dónde volver sus cabezas
    desarticuladas.
Con sus aletas sin espinas estériles como son
me alimenta con las kólivas de almas pasadas.
De aquellos que nacieron y murieron lejos del
    Sol.
En sequías heladas llenas de aves muertas
que no tenían dónde acurrucarse
cuando el hielo doblaba los lirios.

Espigas y lirios entre cálidas colmenas.
Burbujea la miel en los charcos de las rocas
que germinaron en mis ojos.
Ojos de ágata, de miel cristalizada.

Miel salobre goteando en las alas abiertas
de gaviotas embalsamadas entre las nubes

y una rana con su lengua
gustando lo que gotean mis ojos.
Con las rocas en las esquinas de la boca
rumio las abejas, el polen que alimenta sus
    aguijones.

Abro mis manos y germinan jazmines en los
    dedos.
Flores azules llenas de agua salada del mar.
Cada una oculta también un sol de agosto.
Empujo con los dedos un puñado de espigas a
    la boca
y germinan en mi lengua.
Piedras, algas y reptiles indolentes
anidan en mi boca.
Arrastro de mis entrañas el mar de agosto con
todo el luto que recogió en los granos de sal
cubriendo las cruces en el cementerio de
    enfrente
con la blanca ermita que tragó el Sol
aquel verano que no amaneció agosto.

Lúgubre agosto
y continuamente lo espero que amanezca
entre los párpados de los que disminuyen.

La vida pesa en sus pechos
y cada agosto se abren las venas
para teñir de rosa el último amanecer.
Ramas de venas conducen al mar.
Al mar de agosto
continuamente disminuyen las manos,
continuamente terminan los pasos.
La sal seca en los charcos de la arena
testifica que agosto un día volverá
con las pocas manos que nos quedaban ligadas
    a nuestros dedos.

# SIEMPRE EN AGOSTO

Siempre en agosto te espía la Muerte
oculta tras el denso follaje
de la azucarada higuera
y trayéndola el aire aromatizada
con frutos podridos en las raíces.
Plantada entre las espigas
en el campo de los cenotafios
y los olivos inclinados
que cubren cada tarde al crepúsculo,
deseo los kólivas.
Los frutos del granado
y el aceite vertido en el mármol.

En los surcos del campo de espigas
—donde un día germinaban los cadáveres de
      felinos muertos—
germinaron viñas y un mar de agosto
lava los cadáveres podridos
de la carne que quedaba
alrededor de los labios sellados.
Por aquí enterré a mis muertos.
Mis propios muertos.

Aquellos que viajaron lejos
hundidos en picos de gaviotas anfibias.
No tenían alas en el cuerpo.
Sólo una membrana que absorbía
el sol y el polvo del verano.

Dejo que mis pies se hundan
en la arena mojada.
Peces, cangrejos y conchas llenas de abejas
se enredan en mis dedos.
Espero que el mar lave
la leche materna del niño de doce años
que se perdió en mi pecho.
Cuando me dormía en sus entrañas
la tierra abierta.

Siempre en agosto la Muerte acecha
hundida entre las cañas secas.
Con pies desnudos sobre este suelo de
    Mediodía
Esperará a nuestras vidas
que se perdieron en los veranos.
Acechará en el mar
con las mortajas extendidas en los tamariscos
recogiendo la sal

de sus dedos sudorosos.
Hará descansar muertos cuerpos
del peso del luto veraniego.
Agosto un mar de luto.
Y yo debo esparcir en la arena
anturios y anémonas
para la vana germinación de la muerte
que se desliza por encima de tu tierra recién
    excavada.

# LA MATANZA DEL SOL

Dejas que la vida ruede de tus entrañas.
Esperas morir una tarde de verano.
Los inviernos ante tu espejo
te pruebas tu mortaja.
Fúnebre ropa que hele a salitre.
Salpicado por la sangre de la matanza
de tus atardeceres veraniegos.
Una mano agarró el Sol
como sacrificio por tus lúgubres veranos.
Río la sangre tiñó de rojo las espigas.
Un campo entero de rojas espigas de sangre
y dos manos como esqueletos recogiendo los
frutos veraniegos
para cerrarte la boca con pan rojo.

En tus párpados las últimas gotas del
    crepúsculo.
Abres y cierras los ojos y la luz
tiñe de rojo tu rostro.

En los pétalos de la clavellina descansas tu
    cuerpo inclinado.

En los pliegues de la luz mides tu vida.
La que germinó en los dedos del segador
poco antes de amanecer otoño.
Recuerdas un mar de espigas Y los
secos campos llenándose de agua salobre.
Cangrejos muertos y conchas vacías germinan
en la hierba salvaje,
enraízan hondamente en el regaliz y la melisa.
Lúgubre la siembra y tú, segador, con trampas
    por párpados
recogiendo gaviotas muertas y luz veraniega.

Sobre tus ojos baila la Muerte con ropas de
    arlequín,
la pantomima de las olas con los pies hundidos
    en las algas.
A su lado una bailarina con ropajes rotos
saborea el salitre de tus ojos muertos,
el iris verde que se sació en tu tumba abierta.

No se encontraron aún dos manos que te
    taparan con tierra
para tranquilizarte bajo el sol,
allí, en el campo de rojas espigas.

Atas una cuerda al sol de agosto
para que hagas descansar tu cuerpo.
Te cansaste de los inviernos
y agosto llega siempre con sonidos
de la troupe de la Muerte
que quedó en tu alma
aquel verano de tus doce años.
Sus pasos siguen tus pequeños pies de niño
de doce años.

Algas trepan a los dedos huesudos.
Va despacio en la vida, queda tras él.
De conchas vacías hace su cuna
y de rocas secas por debajo cubiertas de
valerianas.
Un mar de agosto canta tu nana.

De mis ojos el agua saborea los veranos.
En la matanza del sol el cuchillo se afila en mi
cuerpo.
Con la segur de la muerte
cosechamos este año los rayos de sol del
atardecer de agosto.

# VIENES CON EL MAR

*A Elena*

Vienes con el mar.
Regresas cada agosto
de la tumba en que te metimos
cuando la vida de tus entrañas se secó
y te dejaste vestida de novia en manos de la
    Muerte.
Llegas desnuda sin tu piel.
Abandonada en los pinos
exhalando aromas de menta salvaje y orégano
y entre tus pliegues
anidan gaviotas y geranios.

Siento que estás a mi lado,
siento tu respiración
oliendo a resina húmeda.
Al amanecer dos manos la recogieron
de las raíces de los lentiscos
y con tus dedos aún frescos
por el olor de la muerte

la estrujas en tu boca.
Arañas con tus uñas el tronco de los
     tamariscos.
Su resina te tiñe los párpados.
Amarillo enfermo
en el fondo de tu cielo veraniego
cuando los murciélagos del Hades cortejan
a los búhos del atardecer.
Entre tus dientes masticas
el polen de las flores y los frutos de la kóliva.
Escucho tus pasos
sobre esta arena de agosto.
Llegas a mis brazos
con dos manos llenas de espigas
de los parterres que germinaron alrededor de
     tu tumba.
Tumba costera llena de peces y conchas,
bañada en las espumas del mar de agosto.
Recojo de tus ojos el vino,
de tus dedos gotea oloroso
aceite de los olivos.
Y por encima un sol completo
lleno de cactus clavando
nuestros cuerpos en el brote de la lonicera.
Vienes con el mar,

con el agua salobre y la arena blanca.
Dejadas en tus cabellos las flores del mirto.
Cada tarde de agosto me das tu mano.
Tus largos dedos tienen la textura del pan.

No te vayas porque ya agosto no será jamás el
     mismo.
En los charcos que dejan tus pies mojados
hace acrobacias la sudorosa Muerte con una
     cabeza muerta en las manos.
Mío es también ese juego infantil.
No te vayas porque ya no tendré nada que
     escribir,
no tendré nada que escalar en las rocas.
No te vayas. Sostengo en mí agosto
y te regalo todos mis veranos lúgubres.
Vienes siempre con el mar, con agosto
y yo tengo dos manos vacías que abrazan al
     sol.

# BAJADA AL HADES

# ZÓSIMO DE FÁLIRO

Con investiduras adánicas los seguidores de
    Hermes
vagan con la barca de Caronte a las cataratas
    de las almas.
Y tras ellos encorvado y silencioso sigue
    Zósimo el de Fáliro.
Nadie lleva una moneda bajo la lengua.
Ni tiene oro en las manos ni tiene el cuerpo
    vestido de seda.
Sólo en sus manos, con los dedos petrificados
    y anclados,
sostiene fuertemente sus versos.
La única fortuna en metálico que intenta
    encontrar en la muerte.
Fue poeta pero pocos lo sabían.
Y cuantos al azar escucharon sus versos
volvían ostentosamente la espalda sin poder
y sin querer —quizás— escuchar al joven.
Él destruía, decían, al Primogénito.

Le fue imposible encontrar perdón
y adornar su nombre con fama posterior.
En el fondo de su alma anidaban pájaros
    monstruosos
que entonaban los lúgubres cantos del Hades.

Un día se le acercó un emisario de Judea.
El mismo que lapidó a San Estéfano
en un burdel del puerto
cuando compraba el amor clandestino
en las sábanas ensangrentadas de la virgen
    prostituta.
Y afuera esperando un desterrado refugiado
a quien le tocó pecar una noche
en una ermita del Padre con la Magdalena de
    los sueños.
El hijo de la Virgen se acostaba con putas
    antes de ser estigmatizado por el Bautista.

¿Cuántos Santos, en verdad, quisieron
    acostarse con putas?
Cuando los romanos quisieron clavar Su
cuerpo en dos maderas.

Él embarcó con la máquina para encontrar las
    Ítacas
lejos de los evangelistas y cuantos otros lo
    querían eunuco.
El judío conoció a Zósimo en Fáliro.
Poeta en su primera juventud también está
    muerto ya para sus fieles.
Nadie comprendió que en la cruz el caduco
    solamente agonizaba.
Sólo la Virgen sabía la verdad.
Pero ella desde hacía años amaba como a su
    propio hijo al Lucero del alba.

Zósimo escuchó hablar de un tal Iscariote y de
    su final terrible
y estaba más seguro de que no quería lavar en
    piscinas
los perfumes de los Misterios Eleusinos.
Creía sólo en doce dioses,
¿por qué entonces habría de seguir a los doce
    Apóstoles?
Ocultó al judío entre las rocas
pero cada noche Él salía con el barco de línea

71

a las costas de enfrente de Delos.
Desnudo como lo parió la Virgen
dejaba su cuerpo a la sombra de los astros
y en las caricias de la misma raza de las tetas.

Zósimo fue incapaz, entonces, de salvar su
    alma del Hades.
Sólo transporta sus pobres escritos para tener
    consuelo en el infierno.
¡Maldito Zósimo! Manchaste el alma del Hijo
    enviado por Dios.
Tú, triste escribano, ¡no intentes salvar tu
    alma!
Ninguna estela funeraria en el Cerámico se
    levantará para ti.
¡Maldito Zósimo! No apoyes en mí tus juicios.
Soy pecador de barro y me asusto.
Me asusto, hombre de Fáliro.

Vi al judío, Zósimo.
El que enviaste a la sombra de la carne.
Lo vi, Zósimo.
Pide limosna en una calle muy frecuentada de

Fáliro
y junto a él Satanás
barriendo el rostro sudoroso por sus pecados.

# LA TUMBA DE ELPENOR

Quiero arrebatar mi parte de cielo.
Quizás las luces de las calles
enturbien mis ojos
y cada calle de oscuridad
sea la única solución para mí.
Luces rojas en la calle con las rameras
    peripatéticas mal situadas
que remojan su piel descolorida en el agrio
    sudor
del autobús petrificado en el que hacen viajar
los arios sifilíticos sus notas.

—No me dejes sin enterrar.
¿Cómo pudiste dejarlo si enterrar
borracho en los balanceos de Circe?

Tiro de la cortina de la sala de autopsias
que llevo en mi alma
y veo muertos tranquilos.
Se tranquilizaron en el abatimiento del paraíso
    evangélico
que les prometieron

y dejaron sus carnes como presa para las
 lenguas de los hombres.
Una sacerdotisa perfuma tu lecho de muerte
y tú abandonado a lo que venga adoras
 estatuas santificadas.


—¿Por qué me dejaste sin enterrar
y mi cráneo hecho añicos
en el banco de ovejas castradas
de las funciones paganas del dios de la
    ebriedad?
—¿Cómo pudiste, vulgar viajero?


Sentí miedo cuando bajé al Hades.
Los muertos estaban fuera de sí
por lo que el cura de la iglesia recordaba cada
    domingo
poco antes de que las Moiras vestidas de negro
    repartieran la kóliva.


Estaban helados, abandonados en la sala de
    autopsias
que les determinó el Crucificado.
Fuertemente esperaban la redención.

—Si Él lo consiguió, ¿por qué no nosotros
     también?
—No cogí el dinero.
Con eso doré la cruz en mi pecho.
—Creí en él sólo cuando lo traicioné.
Entonces creí que era uno de nosotros.
—¿Por qué lo dejaste sin enterrar, hombre de
     Ítaca?


Juan me ladraba oráculos borrachos.
En las páginas sacrílegas
vi que Magdalena acariciaba eróticamente al
     Hijo de Dios.
Pero Él, entregado a la poesía,
buscaba su verso en las orillas del infierno
donde el mar arrastra las palabras
que temen decir los hombres.
Pero yo buscaba a Tiresias.
Este nazareno
con los interesantes milagros sobre la vida sin
     mancha
me provocó tristeza ante la vida
que no llegué a vivir.

Hace tiempo ya que Tiresias
fue fiel al Dios narcisista de los judíos.
Dejó de dar oráculos errantes
y de calmar la sed con sangre.
Sus pies desnudos los lavaban las amantes
con cuentas de oraciones enredadas en los
    dedos.
Se callaron los poetas del infierno.
El nazareno los ungió como evangelistas
pero ya no tienen qué anunciar.
Tras la resurrección no hay poesía.
Todo se inscribe en la muerte
y ellos son desgraciados escribientes
que no pueden morir poéticamente.

Con mis manos, Elpenor,
cavaré una tumba profunda para ti.
Lavaré tus cabellos
y perfumaré tus heridas.
A tu madre, que te espera insistentemente en el
    puerto,
daré tus ojos

como dos cuentas de la muerte
que miraron al que tiene las llaves del Hades.
No vuelvas tu espalda a los hombres, Elpenor.
En vano pedirás conmiseración a los Odiseos.

# TUS OJOS

No conseguí cerrar tus ojos.
La mirada helada en tu iris
no palpó la palma de mi mano abierta.
ni en los latidos de la vena
que tienes oculta en tu cuello
se apoyaron mis labios.
Tomaste el camino de Tiresias.
Con tus uñas peinas tus cabellos grises.
En tus pequeños dedos
danzan las gotas de la sangre
desde su herida abierta
que regó el asfalto y la rueda en movimiento.
Un espejo roto transporta su imagen al revés.
El cristal amurallado mide sus años
en el dulce otoño de la isla
con el olor a mar y a naranjas maduras
ahogando el sabor del óxido
que anidó en su boca
como gotas de una humedad de sangre.
Allí, un poco más abajo del ruinoso
     cementerio,
acostumbrabas a oler las flores de los naranjos

contando los días que nos separaban.
Quisiera meterte al lado de Tiresias.
Vuestros huesos, vuestros huesos desnudos
serían la madeja del Hades.
Tantos candiles enciendo cada amanecer en los
     parterres
que ahogan el camino hacia mi cárcel de
     huesos.
Me encontrarás oculto entre cuerpos muertos
como un embrión que no alcanzó a mamar
     vida.


—¿Por qué te ibas? ¿Por qué quedabas lejos de
     mí?
¿En qué mares dejabas tu cuerpo
cuando yo me tendía en las arenas al
     atardecer?
Tiresias no lo haría nunca...
¿Qué manos me cerrarán los ojos?
—No soy Tiresias...
No existí nunca como el que tú quisiste.
—¿A qué sirenas regalaste tu alma?
—No conocí sirenas. Sólo a la muerte.
Única compañía para mí que transporto
     oculta en mi puño.

¿Recuerdas, entonces, que me cerraste la
    herida en la vena abierta?
Con tu lengua remojaste el bozal de la muerte
que agujereaba por la grieta más arriba del
    fruto.
Ataron mis manos al cordón umbilical.
Sorbo a sorbo bebió la sangre de mi corazón.
Cuantas veces hice intentos de ir a Ítaca,
siempre Eolo me soplaba en una matriz
para sacarme de mi cordón umbilical.
Para surgir también como cordón umbilical
que fue hecho para alimentarme
él y sacarme.

Incluso en mi tumba
se extenderán sus lazos carnales.

No te cerré los ojos.
No amansé tu soledad en los techos
cuando colgaste tu cuerpo del Sol.
Nos separan mares salobres de la huida
y rocas de algas salobres me cortan el camino.
Huelo, sin embargo, el aroma del naranjo.
En tu boca quisiera
estrujar las flores del naranjo

y la sal de las olas.
Para que te recuerden el olor de mi isla
y el sabor de sus hombres.
Hombres salados a los que endulza
el agua de rosas y el aroma del naranjo.

Ningún hombre cerrará tus ojos.
La palma estrecha de la mano de la muerte es
    como mano de niño.

Tiernamente apoyará su mano en tus ojos.
El aroma del naranjo, del mar de agosto,
encerrado enteramente en su puño de trigo
—como corteza de pan—
Que recuerdes mis ojos que nadie cerró.
Mis ojos aún se sorprenden abiertamente.
Miran aturdidos que los gusanos
roen lo que los hombres me dejaron.

# ÍNDICE

# ÍNDICE

## IMPERSONALES DE EL FAYUM
### *(2016)*

## CONTANDO HISTORIAS
### *(2019)*

Títulos publicados en la colección
## EL ÁRBOL DE LA LUZ
## TO ΦΩΤΟΔΕΝΤΡΟ